Romain Gary, – d  ît à
Wilno (Vilnius en fr Ses
parents sont tous de ère,
Arieh Leib Kacew, ina)
Owczyńska, exerce différents métiers. En 1925, Arieh Leib
Kacew abandonne femme et enfant pour refaire sa vie. Ro-
main Gary est donc élevé exclusivement par sa mère, qui lui
voue une adoration absolue.

Après le départ de son père, Romain et sa mère quittent
Wilno pour Varsovie, en Pologne. Il étudie dans une école
polonaise pendant deux ans et prend des cours particuliers de
français chez Lucien Dieuleveut-Caulec. Sa mère, immense
francophile, voit en la France un eldorado. Elle est persuadée
que son fils pourra s'y accomplir pleinement en tant qu'artiste
ou en tant que diplomate. En 1928, après nombre de sacrifices
et d'énergiques démarches, Romain et sa mère débarquent en
France. Ils s'installent à Nice, d'abord dans une pension de
famille, rue de la Buffa, puis à l'avenue Shakespeare. Sans le
sou, Nina Kacew tente de vendre ce qui lui reste de plus pré-
cieux : son argenterie de famille, un vrai « trésor » à ses yeux.
Mais elle n'y parvient pas. Elle cherche donc une autre activité. Elle vend d'abord des articles de luxe à l'hôtel Negresco,
puis, obtient un poste de gérante à l'hôtel-pension Mermonts.
Gary, lui, étudie au lycée de Nice et cherche sa vocation en
même temps. Sa mère, convaincue qu'il deviendra quelqu'un
d'important, le pousse à faire toutes sortes d'activités artis-
tiques (peinture, musique, écriture…).

Romain Gary commence à écrire à l'âge de douze ans, persuadé d'avoir enfin trouvé sa vocation. Très vite, il se cherche
même un pseudonyme car, selon sa mère « un grand écrivain
français ne peut pas porter un nom russe ».

En 1933, Romain Gary quitte Nice pour faire des études
de droit à Aix-en-Provence. La séparation avec sa mère est

difficile.

Un an plus tard, le jeune homme quitte Aix-en-Provence pour finir ses études de droit à Paris et ainsi s'y « faire des relations ». Quoique loin de sa mère, Romain Gary n'en reste pas moins très inquiet pour elle, − elle qui souffre de diabète insulinodépendant. A Paris, Romain Gary tombe amoureux et connaît des déceptions. Il est également publié pour la première fois sous le nom de Romain Kacew. En effet, sa nouvelle « L'Orage » parait dans l'hebdomadaire *Gringoire*. C'est une immense fierté pour sa mère. La nouvelle rapporte à Romain Gary une somme importante d'argent, qu'il dépense en nourriture pour lui et en cadeaux pour sa mère. Très vite, le jeune se retrouve dans une situation précaire. Il n'a pas suffisamment d'argent pour vivre.

En mai 1935, Romain Gary voit sa seconde nouvelle, « Une petite femme », publiée par *Gringoire*. Le jeune homme comprend néanmoins qu'il ne peut pas encore espérer vivre de sa plume. Il cherche donc du travail et exerce différentes activités (garçon de restaurant, livreur, figurant de cinéma…). La même année, il est enfin naturalisé français.

Parallèlement aux études de droit, Romain Gary effectue sa préparation militaire supérieure. En novembre 1938, il entre dans l'armée de l'air en tant qu'élève-pilote à Salon-de-Provence. Mais, le diabète de sa mère s'aggrave : c'est pour elle que Romain Gary décide de se battre et de devenir quelqu'un d'important.

En 1940, Romain Gary quitte la France pour l'Angleterre, après un détour par Alger, Meknès, Casablanca et Gibraltar. Il s'engage alors dans les Forces Aériennes Françaises Libres (F.A.F.L). C'est cette année-là qu'il se choisit le nom de Gary comme nom de résistant. Il consacre au récit des années de guerre une partie de son autobiographie *La Promesse de l'aube*.

COLLECTION
FICHEBOOK

ROMAIN GARY

La Promesse de l'aube

Fiche de lecture

Les Éditions du Cénacle

ISBN 978-2-36788-816-3

Dépôt légal : Décembre 2017

SOMMAIRE

• Biographie de Romain Gary..9

• Présentation de *La Promesse de l'aube*......................15

• Résumé du roman..19

• Les raisons du succès...39

• Les thèmes principaux..45

• Étude du mouvement littéraire.....................................55

• Dans la même collection..59

BIOGRAPHIE

ROMAIN GARY

De par son courage et sa participation active au combat, Romain Gary est fait commandeur de la Légion d'honneur et reçoit encore d'autres décorations dès la fin de la guerre. Il embrasse alors la carrière diplomatique en 1945. Cette même année, son premier roman, *Éducation européenne*, est publié.

Romain Gary devient conseiller puis secrétaire d'ambassade à Sofia, en Bulgarie. Il s'y rend avec sa femme, Lesley Blanch, une romancière anglaise. Il exerce ensuite en France aux affaires étrangères, puis à Berne en Suisse, à La Paz en Bolivie, et aux États-Unis.

Il publie son roman *Les Racines du ciel* en 1956, alors qu'il se trouve en Bolivie. La même année, le livre obtient le prix Goncourt.

Romain Gary poursuit son travail d'écrivain mais sous différents pseudonymes. Ainsi, son roman *L'Homme à la colombe* est publié en 1958 sous le nom de Fosco Sinibaldi.

En 1959, Romain Gary rencontre l'actrice américaine Jean Seberg. Il quitte alors son épouse et se marie avec Jean Seberg quelques années plus tard, en 1963. Ils auront un fils, Diego Gary, en 1962.

C'est en 1960 que *La Promesse de l'aube*, roman autobiographique de Romain Gary, est publié. Il y parle de son enfance en Lituanie et en Pologne, de sa jeunesse en France, et des années de guerre. Le livre est également centré sur la figure de la mère, omniprésente dans la vie de Romain Gary.

En 1961, Romain Gary quitte la carrière diplomatique pour se lancer dans la réalisation de films (*Les Oiseaux vont mourir au Pérou*, *Kill* etc.). Il n'arrête cependant pas d'écrire. En 1970, il reçoit un deuxième Goncourt pour le roman *La Vie devant soi*, publié sous le pseudonyme d'Émile Ajar, – ce qui n'est pas sans créer la polémique. En 1974, *La Tête de Stéphanie* paraît sous le pseudonyme de Shatan Bogat.

Romain Gary et Jean Seberg divorcent en 1970 mais

restent proches. Le 30 août 1979, Jean Seberg se suicide. Un an plus tard, le 2 décembre 1980, Romain Gary fait de même à son domicile parisien, au 108, rue du Bac, dans le 7ème arrondissement.

PRÉSENTATION DE LA PROMESSE DE L'AUBE

La Promesse de l'aube, roman autobiographique de Romain Gary, paraît en 1960 chez Gallimard. Le livre n'est pas une autobiographie au sens littéraire du terme comme l'explique lui-même l'écrivain : « Ce livre est d'inspiration autobiographique, mais ce n'est pas une autobiographie. Mon métier d'orfèvre, mon souci de l'art s'est à chaque instant glissé entre l'événement et son expression littéraire, entre la réalité et l'œuvre qui s'en réclamait. » L'auteur raconte sa vie, mais de façon quelque peu romancée.

La Promesse de l'aube constitue surtout un vibrant hommage à Nina Kacew, la mère de Romain Gary. Omniprésente dans la vie de l'écrivain, elle a contribué à forger son caractère et à lui tracer un chemin dans la vie. Dans le livre, la voix du narrateur adulte se superpose à celle de l'enfant, de l'adolescent, et du jeune homme qu'il fut autrefois. Le narrateur se retourne sur son passé pour parler des évènements et des personnes qui ont marqué sa vie.

Le livre est adapté au cinéma en 1970 par Jules Dassin, avec Melina Mercouri dans le rôle de Nina Kacew. Depuis, La Promesse de l'aube a fait l'objet d'une adaptation théâtrale par et avec Bruno Abraham-Kremer.

RÉSUMÉ DU ROMAN

Première partie

Chapitre 1

Le narrateur adulte, âgé de 44 ans, est étendu sur le sable de la plage de Big Sur en Californie et il se souvient. Il se souvient des adieux déchirants à sa mère à Salon-de-Provence une vingtaine d'années auparavant, alors qu'il était sergent instructeur dans l'Armée de l'air. Sa mère a fait cinq heures de route en taxi pour lui dire au revoir, lui apporter des provisions, et lui fait part de sa fierté. La vieille dame est très démonstrative, ce qui embarrasse son fils devant ses camarades. Ces derniers se moquent en les regardant. Mais, le jeune homme finit par les ignorer. Il se souvient de la promesse faite à sa mère quand il était enfant : devenir quelqu'un d'important pour donner un sens aux sacrifices de celle qui l'a élevé. Il se souvient également des « ennemis » dont sa mère lui parlait toujours et qu'il se devrait de combattre un jour.

Chapitre 2

Âgé de 13 ans, le narrateur surprend une scène qui le marque fortement : sa mère mange et lèche ses restes, – les restes d'un bifteck qu'elle lui avait préparé et dont elle disait ne pas vouloir. Le garçon se rend alors compte des immenses sacrifices de sa mère, – qui travaille dur pour gagner tout juste de quoi les faire vivre –, pour lui. Le garçon prend aussi conscience de ce que sera sa vocation : l'écriture. Il écrit depuis l'âge de douze ans et a l'entière approbation de sa mère, qui se moque pas mal de ses mauvais résultats scolaires. La femme est persuadée que son fils sera « un titan de la littérature française ». Elle l'incite à se choisir un pseudonyme.

Le narrateur revient sur le terrible échec de ce qui aurait pu être sa vocation : le violon. Dans ce domaine, le jeune garçon n'était vraiment pas doué, ce qui a déçu sa mère.

Chapitre 3

La mère du narrateur fabrique et vend des chapeaux mais son activité ne marche pas très bien à leur arrivée à Nice. C'est donc pour elle que le garçon se cherche une vocation glorieuse. Après avoir compris qu'il ne deviendrait jamais un grand violoniste, il part à la recherche d'une autre vocation. Il s'essaye alors à la danse classique et sa mère est toujours là pour l'encourager. Mais, Sacha Jigloff, son professeur de danse tente un jour de rejoindre le jeune garçon sous la douche, ce qui provoque la fureur de la mère. Le narrateur doit alors abandonner ses espoirs de devenir un grand danseur. Il s'essaye ensuite à la peinture. Mais, sa mère n'y est pas favorable à cause des clichés sur les peintres. C'est donc là qu'intervient la vocation suivante : l'écriture. La mère voit déjà en son fils un grand écrivain et elle le met en garde sur certains dangers. Le garçon se cherche un pseudonyme. Il en essaye plusieurs, sans grand succès.

Chapitre 4

Le narrateur parle de son béguin d'adolescent pour Mariette, la femme de ménage. Il a sa première expérience sexuelle avec elle. Le narrateur adulte comprend, avec le recul, qu'il n'y a rien de comparable à l'amour d'une mère : « Avec l'amour maternel, la vie vous fait à l'aube une promesse qu'elle ne tient jamais. »

Chapitre 5

La mère surprend son fils et la femme de ménage en pleine action. Elle frappe Mariette avec sa canne et l'insulte. Le narrateur en vient alors à parler de sa mère, qui aurait été une grande artiste dramatique dans sa jeunesse. Il la décrit comme une femme de caractère, deux fois divorcée, amoureuse de la France. Pour lui, sa mère était une femme « de talent ». Le jeune garçon raconte comment il a défendu sa mère – qu'un usurier venait d'insulter – en giflant ce dernier. La mère exige alors que son fils vienne toujours la défendre.

Chapitre 6

Le narrateur revient sur son enfance à Wilno. La situation du jeune garçon et de sa mère est alors très précaire. Pendant que la mère va de maison en maison pour vendre des chapeaux, le garçon reste avec la bonne, Aniela. La mère finit toujours par réussir à payer le loyer. Mais, cette vie difficile pousse la mère à avoir de grands espoirs pour son fils, qu'elle veut voir devenir ambassadeur de France. Elle le crie d'ailleurs à qui veut l'entendre, sans la moindre honte, en dépit des moqueries. Le jeune garçon, lui, est humilié. Il se trouve donc une cachette dans la cour de son immeuble, une sorte de refuge.

Chapitre 7

L'un des locataires de l'immeuble, M. Piekielny, prend la mère très au sérieux : persuadé que le garçon deviendra ambassadeur de France, il le gâte en sucreries dans l'espoir qu'il se souvienne de lui plus tard. Le narrateur raconte ensuite une anecdote survenue bien des années plus tard, après la Deuxième Guerre mondiale : il a tenu sa parole à M. Pie-kielny en mentionnant son nom à la reine Elizabeth d'An-gleterre (et à bien d'autre personnalités ensuite) alors même que l'homme est mort dans un camp de concentration.

Chapitre 8

Les affaires de la mère commencent à décoller : ses cha-peaux et ses robes ont désormais du succès, ce qui rend son fils très fier. Elle ruse en associant son nom à celui d'un grand couturier français, Paul Poiret, pour faire venir plus de clientes. Elle engage même un comédien pour jouer le rôle du couturier lors de l'inauguration de son salon. La nouvelle situation financière permet à la mère et au fils de vivre très confortablement. Ils fréquentent aussi le beau monde et la mère fait tout pour que son fils soit admiré de tous.

Chapitre 9

Grâce à tout l'argent gagné, la mère embauche une gou-vernante française pour son fils et lui fait donner des « leçons de maintien ». Le garçon prend aussi des cours de danse et il danse avec sa mère le soir, une fois les clientes parties. Il fait également de l'équitation, de l'escrime, et d'autres activités ; il apprend plusieurs langues. Il ne va plus à l'école et a donc des professeurs particuliers. Tous les soirs, la mère va admirer son fils dans sa chambre, les larmes aux yeux, ce qui intrigue le jeune garçon. Il interroge Aniela sur le sujet.

Chapitre 10

Le jeune garçon reçoit une bicyclette en cadeau mais il n'en connaît pas l'expéditeur. Au départ, la mère semble ne pas vouloir de ce cadeau. On comprend que c'est probablement le père de l'enfant qui l'a envoyée. Après de longs débats avec Aniela, la mère finit par se résigner. Un jour, le garçon aperçoit une très belle voiture garée devant chez lui. Quand il rentre à la maison, il est lavé et habillé, traité en « petit prince ». On le présente alors à un homme, Ivan Mosjoukine, qui s'avère être un comédien et réalisateur russe célèbre. Ce dernier embauchera le garçon pour de la figuration dans plusieurs de ses films. Mosjoukine laisse sa voiture à la mère et au fils pour quelques jours. Ils paradent ainsi dans la ville.

Le narrateur adulte croit bon de donner des éclaircissements sur la relation qu'il entretenait avec sa mère.

Chapitre 11

Le narrateur parle de la première fois où il est tombé amoureux, à l'âge de neuf ans. Il raconte tout ce qu'il a dû faire pour séduire la petite Valentine, qui l'a mis en compétition avec un autre garçon, Janek. Les deux garçons vont jusqu'à mettre leur vie en danger avec un « jeu de la mort » pour les beaux yeux de Valentine. De nombreuses années plus tard, le narrateur retrouve Janek, devenu aussi un personnage important. La compétition est toujours de mise entre eux.

Chapitre 12

Le narrateur décrit son environnement de vie à Wilno. Un jour, alors qu'il est monté sur le toit pour jouer, il aperçoit un couple, − le pâtissier Michka et une servante, Antonia − en train de faire l'amour. Le garçon ne comprend pas très bien ce qu'ils font. Il en parle à ses amis, qui décident d'y retourner avec lui. Chaque garçon y va de son hypothèse.

Chapitre 13

La mère continue à chercher une vocation pour son fils. Ce dernier s'essaye au chant dans le but de faire plaisir à sa mère, amoureuse d'opéra, mais il n'est vraiment pas doué. Comme elle se rend compte que le jeune garçon n'a pas de talent particulier, la mère décide finalement qu'il sera diplomate en France. La femme voue une admiration sans borne à la France et à la culture française.

Chapitre 14

Le narrateur parle enfin de son père, qu'il ne connait pas. La mère change inéluctablement de sujet quand la question est abordée. Le narrateur adulte raconte qu'il a rencontré son père à plusieurs reprises. Mais il n'a appris les détails de la mort de ce dernier que plus tard, quand il était chargé d'affaires en Bolivie. Son père est mort avant d'entrer dans la chambre à gaz d'un camp de concentration pendant la Deuxième Guerre mondiale. La nouvelle met Romain Gary en état de choc et, Albert Camus, qui le croise à ce moment-là, lui apporte son soutien.

Le narrateur parle également de ses lectures françaises quand il était enfant. Sa mère l'initie très tôt à la culture française et à ses personnalités historiques.

Chapitre 15

Le jeune garçon est un avide lecteur. Il lit Walter Scott, R.L. Stevenson… et apprécie beaucoup le personnage d'Arsène Lupin. Bercé par toutes ces histoires, le garçon croit à la magie et il en fait l'expérience avec un ami surnommé Pastèque. L'enfant pense que ses vœux se réaliseront grâce à une bouteille contenant toutes sortes de choses plus ou moins farfelues. Le narrateur se souvient des vœux qu'il avait alors formulés. Il pense que c'est ce jour-là qu'est née sa vocation d'artiste.

Chapitre 16

Le jeune garçon tombe gravement malade alors qu'il n'a pas encore dix ans. Il a peur de mourir sans être devenu quelqu'un et surtout, il craint de laisser sa mère seule. Il se bat et survit grâce à l'amour qu'il ressent pour celle qui l'élève. Une fois guéri, l'enfant part avec sa mère en Italie et il voit la mer pour la première fois. La mère décide à ce moment-là de vendre son affaire de Wilno pour s'installer à Nice. Seulement, il ne lui reste plus d'argent à cause de la maladie de son fils et son commerce fait faillite. Ne pouvant s'installer à Nice, mère et fils décident d'aller vivre à Varsovie. Ils font donc leurs adieux à Aniela.

Chapitre 17

La mère exerce plusieurs activités à Varsovie. Faute d'argent, son fils doit étudier dans une école polonaise au lieu d'un lycée français. Mais, le garçon prend des cours particuliers de français chez Lucien Dieuleveut-Caulec. Et il se découvre une nouvelle vocation : la jonglerie. Il joue aussi au théâtre à l'école. Sa mère a alors dans l'idée qu'il devienne acteur. Le narrateur raconte comment, quelques années plus tard, il a participé à une représentation devant le général de Gaulle, – personnage qu'il admire énormément – et comment ça s'est terminé en « désastre ».

Chapitre 18

Pendant que sa mère se démène pour gagner de l'argent, le fils écrit des poèmes en français, espérant justement qu'ils lui apporteront gloire et argent. À cause de son attitude supérieure envers ses camarades de classe, le garçon ne se fait pas que des amis et il est l'objet de moqueries. Un camarade insulte même sa mère. Quand elle l'apprend, cette dernière gifle son fils car il ne l'a pas défendue. Suite à cela, elle décide qu'il est temps pour eux de déménager à Nice.

Deuxième partie

Chapitre 19

Mère et fils viennent de s'installer à Nice, avec pour seul bien l'argenterie familiale. La mère essaye tant bien que mal de la vendre mais elle n'y parvient pas. Elle est finalement aidée par un homme, M. Sérusier, qui lui prête de l'argent. La mère a toujours de grandes ambitions pour son fils alors qu'il n'a que 14 ans. Elle le force donc à jouer au tennis contre le roi Gustave V de Suède : évidemment, le garçon se ridiculise.

Chapitre 20

Du fait de son échec cuisant au tennis, le garçon se réfugie dans l'écriture. C'est pour lui le seul moyen de s'exprimer. À l'école aussi, il est loin d'être brillant. Pour pallier au manque d'argent, la mère continue à mener de front plusieurs activités. Elle reçoit aussi régulièrement de l'argent mais l'identité du donateur n'est pas dévoilée. Grâce à cet argent, mère et fils peuvent aller écouter l'orchestre tzigane et se pavaner ensuite sur la Promenade des Anglais. Afin de pouvoir faire des sorties avec ses amis, le garçon vend certains objets de la maison. Au lieu d'être en colère, la mère est fière de son fils, « enfin devenu un homme ».

Chapitre 21

Après de courtes vacances sans son fils, la mère poursuit son activité commerciale avec succès. Puis, elle est embauchée comme gérante à l'hôtel-pension Mermonts. Son fils y travaille aussi. Le narrateur raconte comment sa mère est dans son élément à Nice, et plus particulièrement au marché de la Buffa. Mais, un jour, elle fait un malaise. C'est là que son fils découvre qu'elle est diabétique depuis deux ans. Pour elle, il décide de s'atteler à l'écriture d'une grande œuvre littéraire. Il prend également la décision de ne pas faire d'études supérieures afin de rester avec elle mais la mère s'y oppose fermement.

Chapitre 22

Le narrateur parle de M. Zaremba, un artiste peintre polonais logeant alors à l'hôtel-pension Mermonts. Ce dernier tombe rapidement amoureux de la mère du narrateur. Si Romain apprécie beaucoup M. Zaremba, il n'en est pas de même pour sa mère. M. Zaremba tente de convaincre la femme de passer le reste de sa vie avec lui mais elle le repousse. Romain assiste à la scène de sa fenêtre. Le garçon demande et obtient de l'argent et certaines largesses de la part de M. Zaremba en échange de son aide. M. Zaremba finit par demander à Romain la main de sa mère. Il sait que l'avis du garçon est primordial pour la mère et Romain en joue, faisant mine d'hésiter. Le garçon tente de convaincre sa mère d'épouser M. Zaremba mais elle refuse. Romain doit donc annoncer la mauvaise nouvelle au peintre polonais, qui décide de quitter Nice sur le champ.

Chapitre 23

Romain, désormais jeune homme, va à Aix-en-Provence pour faire des études de droit. Les adieux avec sa mère sont déchirants. À Aix-en-Provence, sa mère l'aide financièrement. Elle lui envoie aussi des provisions. En parallèle de ses études, Romain continue à écrire mais il ne parvient pas à être publié. Comme les revenus de la mère sont bons, le fils peut aller à Paris pour poursuivre ses études de droit. Mais, le diabète de la mère s'aggrave et le jeune homme est très inquiet pour elle.

Chapitre 24

Adèle, une jeune charcutière rencontrée par le jeune homme lors de son voyage à Aix-en-Provence, rend visite à la mère et se lamente : elle veut que Romain l'épouse. Mais, le jeune homme ne l'aime pas. Avant qu'il ne parte pour Paris, la mère exige que son fils se rende avec elle à l'église, – alors même qu'ils sont juifs.

À Paris, Romain rencontre une jeune fille et tombe amoureux d'elle. À la même période, la première nouvelle de Romain, « L'Orage » est publiée dans un hebdomadaire. Elle lui rapporte une certaine somme d'argent, qu'il dilapide rapidement en cadeaux pour sa mère et en nourriture pour lui-même. Très vite, le jeune homme se retrouve sans le sou. Il n'a pas de quoi manger et n'ose pas parler de ses échecs à sa mère. Il s'évanouit même un jour où il n'a pas mangé. Romain se met à l'écriture d'une autre nouvelle, « Une petite femme », qui est publiée. Il prend ses marques à Paris et va souvent manger des croissants dans un café, La Capoulade, sans payer ce qu'il doit.

Chapitre 25

Comprenant qu'il ne peut pas vivre de sa plume, le jeune homme cherche du travail et finit par exercer plusieurs activités. Il raconte l'une de ses soirées en tant que livreur tricycliste : le client qu'il a livré, – un écrivain célèbre –, l'invite à dîner en sa compagnie. Le jeune homme est alors heureux.

Chapitre 26

Le narrateur parle de son histoire d'amour avec Brigitte, une jeune suédoise. Il découvre assez rapidement que la jeune femme le trompe. Romain veut alors s'en prendre à l'amant mais il n'y parvient pas. Quand Brigitte rentre chez eux, Romain lui dit ce qu'il pense d'elle et de son attitude. Les explications de la jeune femme, flatteuses à son égard, le rendent fier malgré tout.

Chapitre 27

En parallèle de ses études de droit, le jeune homme termine sa préparation militaire. Grâce à l'argent gagné avec l'une de ses nouvelles, Romain se rend en Suède pour voir Brigitte mais il la retrouve mariée. Pendant ce temps, la situation s'aggrave en Europe.

À son retour de Suède, en 1938, le jeune homme se rend à Nice en attendant son incorporation dans l'armée de l'air. Sa mère exige alors qu'il se rende en Allemagne pour tuer Hitler et ainsi sauver la France. Le jeune homme est sceptique quant aux plans de sa mère mais il décide quand même de lui obéir.

La veille de son départ, sa mère le supplie de finalement y renoncer et il accepte sans trop hésiter.

Chapitre 28

Le diabète de la mère empire encore alors que Romain doit être incorporé dans l'armée de l'air. Le jeune homme se rend en 1938 à Salon-de-Provence, où il rencontre un certain nombre de difficultés. Il réussit tout de même à devenir élève-pilote et il aime ce qu'il fait. Mais, il est recalé à la fin de la formation – il est le seul à l'être – et n'est donc pas nommé officier. Le jeune homme apprend qu'il a été recalé parce qu'il est naturalisé et non français de naissance. Il refuse d'en parler à sa mère. Mais, cette dernière lui organise une fête à son retour à Nice. Romain est donc bien obligé de lui annoncer la mauvaise nouvelle. Mais il embellit quelque peu la vérité et lui raconte « une jolie histoire ». Sa mère est fière de lui malgré son échec.

Chapitre 29

En tant qu'élève-officier, le jeune homme est l'objet de moqueries de la part des sous-officiers et les tâches qui lui sont confiées sont peu agréables. Avant qu'il ne quitte Salon-de-Provence, sa mère lui rend visite. Elle espère que la France attaquera l'Allemagne et est persuadée que son fils en reviendra sain et sauf. La mère offre de la nourriture au chef de la division, ce qui fait honte à son fils.

Avant la guerre, Romain se fiance à Ilona, une hongroise. Mais, à cause de la guerre, leurs projets ne se réalisent pas.

Chapitre 30

Romain est transféré avec son escadre à Bordeaux et il est nommé sergent. Le narrateur relate un accident d'avion qui a failli lui coûter la vie.

En 1940, Romain apprend que sa mère est gravement malade. Il se rend donc à son chevet et reste à Nice le temps de sa permission. Le jeune homme doit ensuite à nouveau faire ses adieux à sa mère afin d'aller combattre.

Troisième partie

Chapitre 31

Le narrateur raconte son expérience de la guerre. Le jeune homme qu'il était a toujours cru fermement que la France en ressortirait victorieuse. Il a confiance en l'armée française et en ses généraux. Romain prend la décision d'aller en Angleterre pour combattre. Il sent toujours la présence de sa mère à ses côtés. Le jeune homme échappe à un crash d'avion grâce à un coup de téléphone de sa mère au moment où il doit décoller.

Chapitre 32

Romain doit se rendre à Meknès avec son escadre. Il sent encore et toujours que sa mère est avec lui. Elle lui dicte même ses actions. Dans un bar, le jeune homme rencontre une barmaid et il décide de l'épouser. Mais, le jour même, il se rend compte que la jeune femme lui préfère un lieutenant. Leur histoire est donc de courte durée. À Fès, il rencontre une autre femme, Simone, dont il tombe amoureux. Il apprendra plus tard, alors qu'il se trouve en Angleterre, qu'elle en a épousé un autre.

Chapitre 33

Avant de partir en Angleterre, Romain doit se cacher dans une maison close à Meknès. Il justifie ainsi ses rapports avec des prostituées. Le narrateur adulte observe avec le recul le jeune homme qu'il était.

Chapitre 34

Romain passe par Casablanca et Gibraltar pour aller en Angleterre. Il pense toujours à sa mère. Le jeune homme est considéré comme un déserteur. Le narrateur repense à ses camarades déserteurs qui se trouvaient avec lui sur le bateau vers l'Angleterre.

Chapitre 35

Romain imagine toujours sa mère à ses côtés. Elle l'empêche de prendre de mauvaises décisions (comme coudre un galon de sous-lieutenant sur ses manches alors qu'il n'est que sergent). Le jeune homme combat avec la Royal Air Force le temps de quelques missions. L'un de ses amis proches, Lucien, se suicide. Romain doit alors accompagner le cercueil. Mais, passablement éméché, il confie « la caisse » à des porteurs et en récupère une mauvaise, qui est tout de même mise en terre.

Chapitre 36

Lors d'une permission à Londres, Romain en vient à se battre avec des officiers polonais ivres, tout cela à cause d'une jeune femme (qui l'ennuie pourtant profondément). Les hommes lui proposent un duel au pistolet et il accepte.

Romain blesse alors l'un d'eux à l'épaule, suite à quoi il est arrêté et remis aux autorités françaises. Il s'en sort finalement assez bien.

Chapitre 37

Romain se rend en Afrique en bateau. Sa mère, toujours à ses côtés en esprit, lui reproche d'avoir arrêté d'écrire. Le jeune homme se remet donc à l'écriture de nouvelles. Il imagine des conversations qu'il aurait avec sa mère.

Chapitre 38

Romain reçoit des lettres de sa mère pendant toute la guerre. Elle l'encourage à devenir quelqu'un d'important et se montre fière de lui. Pourtant, le jeune homme ne rencontre pas le succès escompté en Afrique. Tout d'abord, son avion s'écrase dans la brousse et il n'est sauvé qu'au bout de deux jours. Le narrateur a un regard critique sur son action pendant la guerre : il ne se considère pas du tout comme un héros. Ensuite, il raconte un évènement dont il ne se souvient pas mais qu'un camarade lui a relaté : il aurait essayé de se suicider de désespoir et de honte, se sentant inutile.

Chapitre 39

Le narrateur relate l'une de ses aventures, qu'il décrit comme « un instant de bonheur », à Bangui, pendant la guerre. L'aviateur rencontre une jeune fille de seize ans, Louison, dont il tombe fou amoureux et qu'il épouse selon les traditions du pays. Mais, les jeunes gens sont obligés de se séparer car Louison est atteinte de la lèpre et, à cause du crash de l'avion qu'il doit emprunter, il ne peut pas aller la voir. Finalement, Romain doit rejoindre son escadrille. Il ne reverra jamais Louison malgré ses tentatives pour la retrouver.

Chapitre 40

Romain continue à recevoir des lettres de sa mère mais elles sont de plus en plus courtes. Le jeune homme laisse croire que les lettres viennent de sa femme. Il part en Lybie pour la 2nde campagne contre Rommel mais il tombe malade : il a la typhoïde. Il est hospitalisé et les médecins le croient condamné. Il se bat malgré tout pour rester en vie. Le narrateur pense avoir survécu grâce au « courage de [sa] mère ». Il s'imagine retourner à Nice « sous les applaudissements », sa mère à ses côtés. Une fois rétabli, Romain repart à la guerre. Alors qu'il se trouve en Égypte, il reçoit une lettre émouvante de sa mère, qui lui demande de se comporter en homme courageux. Romain sent qu'il s'est passé quelque chose.

Chapitre 41

Romain termine l'écriture de son roman *Éducation européenne* pendant la guerre car il sent que le débarquement est proche et il veut offrir ce cadeau à sa mère. Ainsi, il apprend que son livre va être publié et il s'empresse d'en informer sa mère par télégraphe mais il ne reçoit aucune réponse de sa part. Il croit que sa mère est fâchée contre lui. Pendant ce temps il continue à combattre. Lors d'un vol, le pilote de l'avion, Arnaud Langer, est blessé aux yeux, et l'atterrissage se fait difficilement. Romain, lui, est blessé à l'abdomen. Il n'abandonne pas le combat pour autant. Il reçoit donc la Croix de la Libération.

Chapitre 42

C'est la fin de la guerre. Romain reçoit une proposition du ministère des affaires étrangères pour être secrétaire d'ambassade et il en est étonné. Il est accueilli à Nice avec les honneurs. C'est alors qu'il découvre que sa mère est décédée près de quatre ans auparavant et qu'elle lui a laissé 250 lettres avant de mourir, – lettres qui lui sont parvenues tout au long de la guerre.

Le narrateur revient au temps présent, à sa situation actuelle, sur la plage de Big Sur. Il est vieux mais il se sent jeune. Et surtout, il est « heureux », heureux d'avoir « vécu ».

LES RAISONS
DU SUCCÈS

Romain Gary a vécu sous les IIIe, IVe et Ve Républiques. Naturalisé français en 1935, il combat au sein de l'armée française pendant la Deuxième Guerre Mondiale. Grâce à ses actions héroïques, il reçoit la Légion d'honneur, la Croix de Guerre, la Médaille de la Résistance, la Médaille des blessés, et il est nommé capitaine de réserve à la fin de la guerre. De plus, le ministère des affaires étrangères lui suggère de poser sa candidature pour un poste de secrétaire d'ambassade. Ainsi, beaucoup de portes s'ouvrent à Romain Gary à la fin de la Deuxième Guerre Mondiale. Militaire accompli, diplomate en devenir, il est aussi un écrivain célèbre. Son premier roman, *Éducation européenne*, publié en 1945, remporte un réel succès, surtout en Angleterre. Le livre sera d'ailleurs traduit dans vingt-sept langues.

La Ve République est proclamée le 4 octobre 1958. Charles de Gaulle est élu président de la Ve République en décembre 1958 avec plus de 78% des votes au suffrage universel direct. Il entre en fonction en janvier 1959.

À cette période, la guerre d'Algérie est toujours en cours. Elle est menée par la France contre les indépendantistes algériens depuis 1954, et durera jusqu'aux accords d'Évian en 1962.

Le 3 juin 1958, le général de Gaulle est mandaté de pouvoirs spéciaux afin de régler le conflit algérien. Le lendemain, à Alger, il prononce une phrase devenue célèbre : « Je vous ai compris ! » C'est dans ce contexte tendu de guerre d'Algérie que Romain Gary publie son autobiographie, *La Promesse de l'aube*, en 1960. Dans le livre, l'auteur montre à plusieurs reprises sa grande admiration et son respect envers la figure du général de Gaulle. On peut donc considérer que Romain Gary montre son soutien au général de Gaulle à travers son livre autobiographique.

Au même moment, la France est également ébranlée

par la perte d'un certain nombre de ses colonies africaines (Cameroun, Togo, Bénin…). Mais, c'est surtout la guerre d'Algérie, ses conflits violents, ses attentats, et les accusations de torture qui déstabilisent la France.

Ainsi, certains artistes s'engagent contre la guerre d'Algérie. Le « manifeste des 121 », qui apporte son soutien au mouvement indépendantiste algérien, est signé par de nombreux écrivains célèbres tels que Jean-Paul Sartre, Simone de Beauvoir, André Breton ou Marguerite Duras.

Sur le front de la littérature, un mouvement prend de l'ampleur en réaction à la Deuxième Guerre Mondiale. Il s'agit de la littérature de l'absurde, étroitement liée au mouvement existentialiste. L'existentialisme est un courant philosophique du XXe siècle qui trouve sa source dans la célèbre formule de Sartre « l'existence précède l'essence ». L'existentialisme affirme que tout homme est libre de décider de ses actes et qu'il se résume à ce qu'il fait.

La littérature de l'absurde, essentiellement représentée par le théâtre, exprime l'incohérence de la condition humaine. Le courant absurde est donc né au cours de la seconde guerre mondiale. Albert Camus en est son premier représentant avec l'essai *Le Mythe de Sisyphe* (1942), puis avec le roman *L'Étranger* (1942). « L'absurde naît de cette confrontation entre l'appel humain et le silence déraisonnable du monde », écrit Camus dans *Le Mythe de Sisyphe*. Il convient d'ajouter que Romain Gary était un grand ami d'Albert Camus. Gary mentionne d'ailleurs un évènement qui fait référence à Camus dans *La Promesse de l'aube* (chapitre 14). Les représentants de la littérature de l'absurde sont Jean-Paul Sartre, Albert Camus, Eugène Ionesco, et Samuel Beckett.

À la fin des années 1950, un autre mouvement littéraire apparait : il s'agit du Nouveau roman. Alain-Robbe Grillet en est l'une des figures de proue. Il publie d'ailleurs un essai intitulé *Pour un nouveau roman* en 1963. Le Nouveau roman remet en question la forme traditionnelle du roman en le déconstruisant. Ainsi, Robbe-Grillet considère certaines notions classiques du roman comme « périmées » : personnages, intrigues, et déroulement des évènements doivent être revus. Les principaux représentants du Nouveau roman sont Robbe-Grillet, Michel Butor, Nathalie Sarraute et Claude Simon.

Si le roman est un genre très en vogue au XXe siècle, il en est de même pour l'autobiographie. Le genre autobiographique occupe une place importante dans la littérature dès le XVIIIe siècle avec la publication des *Confessions* de Rousseau. Mais c'est bien au XXe siècle que le genre prend une place centrale. En effet, c'est dans les années 1970 que Philippe Lejeune amorce une approche définitoire de l'autobiographie à partir des nombreux textes existants.

La plupart des auteurs autobiographiques sont connus auparavant pour d'autres écrits. Ceci est vrai pour Jean-Paul Sartre, qui publie son autobiographie *Les Mots* en 1964, mais aussi pour André Gide, Michel Leiris, Ernest Renan... Ainsi, Romain Gary est déjà un écrivain et un diplomate connu et reconnu au moment où il publie son roman autobiographique *La Promesse de l'aube*.

Romain Gary a expliqué que *La Promesse de l'aube* n'était pas une autobiographie dans le sens où il s'est permis de modifier à sa convenance, et selon sa mémoire, certains évènements. L'ensemble retrace néanmoins assez fidèlement la vie de l'écrivain. Selon Philippe Lejeune, certains auteurs brouillent délibérément les frontières entre les genres, ajoutant ainsi une part de fiction dans un écrit autobiographique pourtant censé être un « récit rétrospectif en prose qu'une personne réelle fait de sa propre existence, lorsqu'elle met l'accent sur sa vie individuelle, en particulier sur l'histoire de sa personnalité ». L'auteur conclut un pacte autobiographique avec le lecteur, lui assurant ainsi tacitement la véracité de son récit. C'est « l'engagement que prend un auteur de raconter directement sa vie (ou une partie, ou un aspect de sa vie) dans un esprit de vérité » (Philippe Lejeune). Si Romain Gary raconte bien sa vie telle qu'il l'a vécue dans *La Promesse de l'aube*, il insiste également pour préciser que c'est « un livre d'inspiration autobiographique ». Ainsi, le livre rencontre malgré tout un certain succès car il est important d'avoir en mémoire que Romain Gary a déjà son public au moment de la parution.

LES THÈMES PRINCIPAUX

On retrouve quatre thèmes chers à Romain Gary tout au long de son roman autobiographique *La Promesse de l'aube*.

Le premier est omniprésent dans l'œuvre : il est même à l'origine du titre. Il s'agit bien sûr de la relation mère-fils, − relation qui permet à l'un comme à l'autre de se construire et d'exister. Dans *La Promesse de l'aube*, la mère vit exclusivement pour son fils. Elle travaille dur et se sacrifie pour que son fils unique ait tout ce dont il a besoin. Le fils est conscient des sacrifices de la mère dès son plus jeune âge. Il sait aussi que personne ne pourra jamais l'aimer autant que sa mère l'a aimé : « Il n'est pas bon d'être tellement aimé, si jeune, si tôt. Ça vous donne de mauvaises habitudes […] On croit que ça existe ailleurs, que ça peut se retrouver […] On regarde, on espère, on attend. Avec l'amour maternel, la vie vous fait à l'aube une promesse qu'elle ne tient jamais » (chapitre 4). En retour, le fils offre tout son amour à sa mère. C'est pour elle qu'il se cherche une vocation tout au long de son enfance et de sa jeunesse, pour elle qu'il décide de devenir écrivain et diplomate, pour elle encore qu'il combat aux côtés de la France pendant la Seconde Guerre Mondiale. Il veut offrir à sa mère ce dont elle a toujours rêvé : gloire et argent. Ainsi, Romain Gary consacre toute sa personne à réussir dans la vie afin de faire plaisir à sa mère. Il considère qu'elle l'a bien mérité après tout ce qu'elle a fait pour lui. Même gravement malade, il ne pense qu'à guérir pour respecter la promesse faite à sa mère : « J'étais absolument résolu à retourner à Nice, au marché de la Buffa, dans mon uniforme d'officier, la poitrine croulante de décorations, ma mère à mon bras. Après quoi, on irait peut-être faire un tour sur la Promenade des Anglais, sous les applaudissements » (chapitre 40).

Quoi qu'il arrive, et quoi qu'il fasse, la mère est fière de son fils. Elle aime se promener à son bras, se pavaner à ses côtés, et crier à qui veut l'entendre que son fils aura un destin exceptionnel : « ...elle annonça hautement et fièrement, d'une voix qui retentit encore en ce moment à mes oreilles : "Sales petites punaises bourgeoises ! Vous ne savez pas à qui vous avez l'honneur de parler ! Mon fils sera ambassadeur de France, chevalier de la Légion d'honneur, grand auteur dramatique, Ibsen, Gabriele d'Annunzio !" » (chapitre 6).

Pour son fils, la mère est vraiment prête à tous les sacrifices. Elle travaille dur afin de l'habiller et de le nourrir, allant jusqu'à se priver elle-même de nourriture : « Depuis treize ans, déjà, seule, sans mari, sans amant, elle lutait ainsi courageusement, afin de gagner, chaque mois, ce qu'il nous fallait pour vivre [...] Un jour, quittant la table, j'allai à la cuisine boire un verre d'eau. Ma mère était assise sur un tabouret ; elle tenait sur ses genoux la poêle à frire où mon bifteck avait été cuit. Elle en essuyait soigneusement le fond graisseux avec des morceaux de pain qu'elle mangeait ensuite avidement [...] je sus soudain, dans un éclair, toute la vérité sur les motifs réels de son régime végétarien » (chapitre 2).

En retour, la mère ne demande qu'une chose, une simple chose : que son fils la défende en toutes circonstances : « Rappelle-toi ce que je te dis. À partir de maintenant, tu vas me défendre. Ça m'est égal ce qu'ils te feront avec leurs poings. C'est avec le reste que ça fait mal. Tu vas te faire tuer, au besoin » (chapitre 18).

Le fils, élevé exclusivement par sa mère, chéri et gâté par sa mère, ressent un amour immense pour celle qui lui a tout donné. Son amour est tellement important, – presque inhabituel – qu'il ressent le besoin d'approfondir et de justifier la relation qui fut au centre de son existence : « Le moment est peut-être venu de m'expliquer franchement sur un point délicat [...] : je n'ai jamais eu, pour ma mère, de penchant incestueux [...] Je ne crois donc avoir éprouvé à l'égard de

ma mère [...] que des sentiments platoniques et affectueux »
(chapitre 10).

En réalité, le fils a pour objectif de donner entière satis-
faction à sa mère, qui l'a toujours considéré comme un être
exceptionnel : « ... je pensais à toutes les batailles que j'allais
livrer pour elle, à la promesse que je m'étais faite, à l'aube de
ma vie, de lui rendre justice, de donner un sens à son sacrifice
et de revenir un jour à la maison, après avoir disputé victo-
rieusement la possession du monde à ceux dont j'avais si bien
appris à connaitre, dès mes premiers pas, la puissance et la
cruauté » (chapitre 1). Le narrateur a donc fait une promesse
à sa mère et il compte bien s'y tenir.

Mais parfois, cette mère possessive et envahissante représente aussi un frein à l'épanouissement absolu de son fils. Elle
est présente à des moments où elle ne devrait pas l'être ; de plus,
la comédienne qui est en elle en profite pour refaire surface :
« ...elle fit simplement un pas en arrière, pour mieux m'admirer et, le visage radieux, les yeux émerveillés, une main sur le
cœur, aspirant bruyamment l'air par le nez [...], elle s'exclama,
d'une voix que tout le monde entendit, et avec un fort accent
russe : "Guynemer ! Tu seras un second Guynemer ! Tu verras,
ta mère a toujours raison !" [...] Je crois que jamais un fils n'a
haï sa mère autant que moi, à ce moment-là » (chapitre 1).

La relation entre Romain Gary et sa mère est véritablement
fusionnelle. Aussi, l'annonce de la mort de la vieille femme à
la fin de la guerre représente un réel choc pour l'auteur, lui qui
tenait tant à montrer à sa mère qu'il avait tenu sa promesse.

L'amour est un sujet que l'on retrouve tout au long de *La
Promesse de l'aube*. Il y a l'amour filial et l'amour maternel,
mais pas seulement. Ainsi, un second thème ressort clairement dans l'œuvre de Romain Gary : il s'agit de la rencontre
amoureuse. Le narrateur se présente comme un véritable Don
Juan qui accumule les conquêtes amoureuses depuis le plus

jeune âge. Il est question d'une fille ou d'une femme qu'il réussit à séduire dans presque chaque chapitre de *La Promesse de l'aube*.

Le jeune Romain tombe amoureux pour la première fois à l'âge de neuf ans. Il est alors en concurrence avec son ami Janek : tous deux tentent en effet de séduire la petite Valentine, qui leur en fait voir de toutes les couleurs. Cette histoire d'amour enfantine occupe tout un chapitre, pendant lequel le narrateur raconte les bêtises qu'il commet pour plaire à Valentine : « C'est ainsi que mon martyre commença. Au cours des jours qui suivirent, je mangeai pour Valentine plusieurs poignées de vers de terre, un grand nombre de papillons, un kilo de cerises avec les noyaux, une souris… » (chapitre 11). Le narrateur prend très au sérieux cette « liaison », qui «dura près d'un an » et qui le « transforma complètement ».

Le narrateur raconte aussi la façon dont il a perdu sa virginité avec Mariette, la femme de ménage, alors qu'il a un peu plus de treize ans. Il est alors très fier de lui : « À treize ans et demi, j'avais le sentiment d'avoir réussi entièrement ma vie, accompli mon destin… » (chapitre 5). Mais, un jour, la mère de Romain surprend les deux amants, ce qui met fin à la liaison. Les exploits amoureux du narrateur ne s'arrêtent cependant pas là.

Sur la route vers Aix-en-Provence, Romain rencontre une jeune charcutière, à qui il brise le cœur ; à Paris, il rencontre plusieurs femmes, dont une, Brigitte qui le trompe et lui brise le cœur à son tour. Le jeune homme va ensuite jusqu'en Suède pour récupérer Brigitte, alors même qu'elle est mariée : « J'essayai de m'arranger avec le mari, mais ce garçon n'avait pas de cœur » (chapitre 27). Puis, pendant la guerre, Romain rencontre plusieurs femmes qu'il veut épouser et avec qui il se fiance, puis une qu'il réussira effectivement à épouser « à la mode de sa tribu ». La jeune fille s'appelle Louison et Romain, alors aviateur, est fou amoureux d'elle, malgré leurs différences : « Elle ne parlait pas un mot de français et je ne comprenais rien de ce qu'elle me disait, si ce n'est que la vie était belle, heureuse, immaculée » (chapitre 39). La maladie de Louison finit par séparer les deux amoureux.

Ainsi, le narrateur raconte son histoire et se présente comme un séducteur auquel les femmes ne résistent pas. Dès son jeune âge, la mère de Romain le met justement en garde sur les femmes et sur l'attitude qu'il devrait avoir avec elles. Elle pense également que son avenir sentimental sera grand : « Les plus belles femmes du monde, les grandes ballerines, les primes donnent les Rachel, les Duse et les Garbo, — voilà ce à quoi, dans son esprit, j'étais destiné. Moi, je voulais bien » (chapitre 3). Romain se refuse à décevoir sa mère, y compris dans ce domaine, et il semble s'en être plutôt bien sorti au vu de la liste de ses conquêtes.

Dans l'ensemble de sa vie, le héros semble avoir été guidé par l'amour et la passion : il a été aimé par sa mère, qu'il a aimée en retour ; il a aimé les femmes et certaines l'ont aimé. Il a également aimé l'art dès son plus jeune âge, sûrement parce qu'il y a été initié très tôt. L'art – sous toutes ses formes – est donc un thème important dans *La Promesse de l'aube*.

En effet, le petit Romain se cherche une vocation toute son enfance et son adolescence afin de faire plaisir à sa mère, qui « avait toujours rêvé d'être une grande artiste » (chapitre 2). Il passe ainsi du violon à la danse classique, de la danse classique à la peinture, de la peinture au tennis, puis à la jonglerie, pour enfin arriver à trouver sa vraie vocation : l'écriture. Pour chaque activité, le héros se donne sans compter, mais les résultats ne sont pas toujours probants : « Je n'ai gardé du "maestro" que le souvenir d'un homme profondément étonné chaque fois que je saisissais mon archet, et le cri "Aïe ! Aïe ! Aïe !" qu'il poussait alors, en portant les deux mains à ses oreilles, est encore présent à mon esprit » (chapitre 2).

Sa recherche de vocation et son amour pour l'art le poussent parfois à travailler pendant des heures, à s'enfermer dans sa chambre pour produire et créer : « Je restais des journées entières dans ma chambre à noircir du papier de noms miro- bolants » (chapitre 3). Le garçon cherche avant toute chose un pseudonyme qui pourrait lui convenir en tant qu'artiste. Car, sa mère considère qu'il lui faut un nom français plutôt que russe.

Une chose est bien certaine : Romain a très tôt le pressen- timent de sa vocation d'artiste. Sa mère lui parle sans cesse d'écrivains, de musiciens, de personnages célèbres, et lui fait lire, entre autres, le livre *Vies de Français illustres* pour qu'il s'en inspire ; elle l'emmène au cinéma, à l'opéra ; ils fréquentent tous deux un acteur célèbre, Ivan Mosjoukine. Romain est plongé dans le monde de l'art pendant toute sa jeunesse. Ainsi, tout est fait pour qu'il devienne lui-même un grand artiste, d'une façon ou d'une autre. Adolescent, sa mère le considère déjà comme un grand artiste : « Je vais leur [aux professeurs] lire tes derniers poèmes. J'ai été une grande actrice, je sais dire des vers. Tu seras d'Annunzio ! Tu seras Victor Hugo, Prix Nobel ! » (chapitre 2).

Un jour, alors qu'il joue à la magie avec son ami Pastèque, le jeune Romain prend conscience de son potentiel artistique et de l'utilisation qu'il en fera : « Ce fut sans doute ce jour- là que je suis né en tant qu'artiste ; par ce suprême échec que l'art est toujours, l'homme, éternel tricheur de lui-même, essaye de faire passer pour une réponse ce qui est condamné à demeurer comme une tragique interpellation […] Le goût du chef-d'œuvre venait de me visiter et ne devait plus jamais me quitter » (chapitre 15). Le héros décide donc de se servir de son talent d'écrivain pour essayer d'apporter des réponses et ainsi pénétrer dans le vaste monde de l'art.

Dans *La Promesse de l'aube*, le héros montre qu'il est homme de plusieurs talents. Ne se contentant pas d'être un artiste, Romain est aussi pilote dans l'armée française, ce qui le conduit à combattre pendant la Seconde Guerre Mondiale. La guerre occupe donc une place très importante dans le livre (il en est question dans la 3ème et dernière partie).

Le pressentiment d'une guerre imminente est fort en 1938. Romain est en Suède pour ses affaires amoureuses quand la situation s'aggrave en Europe. C'est donc à son retour à Nice qu'il prend toute la mesure de la situation. La mère, consciente que la guerre est proche, pense qu'il est temps pour son fils de montrer au monde son potentiel héroïque : « C'était très simple : je devais me rendre à Berlin et sauver la France, et incidemment le monde, en assassinant Hitler. Elle avait tout prévu, y compris mon salut ultime, car, à supposer que je fusse pris, […] il était parfaitement évident que les grandes puissances, la France, l'Angleterre, l'Amérique, allaient présenter un ultimatum pour exiger ma libération » (chapitre 27). L'assassinat d'Hitler par le jeune homme n'aura évidemment pas lieu, – la mère ayant supplié son fils de renoncer au projet.

Romain ne renonce cependant pas à apporter son aide à la France dans la guerre puisqu'il s'engage dans l'armée de l'air. Mais, lors de son incorporation à Salon-de-Provence, le jeune homme rencontre un certain nombre de difficultés du fait de son statut de naturalisé français récent. Il est le seul recalé au rang d'officier malgré la formation qu'il a effectuée. Il est alors terriblement humilié : « Je ne fus même pas nommé sergent, pas même caporal-chef, contrairement à tous les usages et au règlement : je fus nommé caporal. Au cours des heures qui suivirent l'amphi de garnison, je me débattis dans une sorte de cauchemar, de brouillard hideux » (chapitre 28). Il ne renonce pas pour autant à devenir pilote et à combattre contre l'ennemi allemand aux côtés de son pays, la France.

Dans la troisième partie de l'œuvre, le narrateur raconte la guerre telle qu'il la vécue. Les crashs d'avion, l'Afrique du nord, l'Angleterre, les missions avec la Royal Air Force, la maladie dont il est victime et qui le cloue au lit un certain temps, les blessures de guerre : la vie du jeune homme est entièrement bouleversée pendant cette période. Romain est loin de sa mère, qu'il sait très malade, mais, il continue à faire son devoir. Il tient bon dans l'espoir de revenir à Nice un jour avec son uniforme et ses décorations ; il tient bon grâce à sa mère, qui lui envoie des lettres régulièrement.

Quand, à la fin de la guerre, le jeune homme rentre enfin chez lui, c'est avec les honneurs qu'il est accueilli. Il est un héros de guerre, un résistant, et il reçoit non seulement des médailles, mais aussi une proposition de poste dans la diplomatie. Toutes les portes s'ouvrent donc à lui. Mais, ce qui lui importe vraiment, c'est que la France a vaincu. Elle a vaincu ses ennemis comme Romain a toujours su qu'elle le ferait : « Victoire, homme, victoire ! Nous reprenions enfin possession du monde et chaque tank renversé ressemblait à la carcasse d'un dieu abattu » (chapitre 42). La mère du jeune pilote n'est plus là mais, la France a gagné et le fils a apporté sa modeste contribution à la victoire. Il est un artiste, un pilote, un héros de guerre, et un futur diplomate : les ambitions de la mère pour le fils se sont donc bien réalisées.

ÉTUDE DU MOUVEMENT LITTÉRAIRE

On ne peut pas vraiment dire que l'œuvre de Romain Gary s'insère dans un mouvement littéraire en particulier. Tout le monde sait que Romain Gary était bien intégré dans le monde littéraire, – beaucoup de ses amis en faisait partie (notamment Albert Camus et William Styron). Si une partie de l'œuvre d'Albert Camus entre bien dans la catégorie « littérature de l'absurde », on ne peut pas ranger l'œuvre de Romain Gary dans tel ou tel courant littéraire. En revanche, *La Promesse de l'aube* permet à son auteur de revendiquer son appartenance à un mouvement politique : le gaullisme. On le voit très clairement dans l'œuvre. Le narrateur fait plusieurs fois référence au général de Gaulle dans des termes élogieux. Il affirme même avoir rêvé de prendre « Charles de Gaulle » pour pseudonyme.

D'une manière plus large, *La Promesse de l'aube* entre dans la grande famille de l'autobiographie, – genre très codé et courant au XXe siècle.

La tradition de l'autobiographie se perpétue dès l'antiquité avec les *Pensées* de Marc Aurèle (IIe siècle) et les *Confessions* de Saint Augustin (IVe siècle). Au XXe siècle, le genre se renouvelle : l'autobiographe se retourne toujours sur sa vie, son passé, mais il écrit sous des formes nouvelles, avec de nouvelles contraintes. Il existe en effet plusieurs sortes d'autobiographies : les mémoires, l'autoportrait, le journal intime, le roman autobiographique... Quant à la question des contraintes, il est difficile d'en établir une liste exhaustive. La principale est liée à la sincérité de l'auteur. En effet, ce dernier conclut un pacte implicite avec le lecteur, lui assurant ainsi un récit de vérité absolue. George Perec parle « d'autobiographie sous contrainte » : « Aux uns on fera remarquer que l'engagement de *dire la vérité*, s'il est pris au sérieux, est en lui-même une contrainte extrêmement étroite, et productive. Aux autres on rappellera que la liberté du genre autobiographique n'est qu'apparente, qu'elle implique en fait soumission aux contraintes (censures, modèles appris) qui pèsent sur la vie elle-même, et que la contrainte littéraire est un puissant instrument de libération. Une "autobiographie sous contrainte" pourrait donc fort bien, entre l'autobiographie "ordinaire" et la fiction, tracer une nouvelle voie. Elle pourrait aider à lever les censures, à échapper aux modèles. Elle pourrait fournir le moyen d'explorer ou d'évoquer, par des voies obliques, ce qui d'une vie ne peut pas se dire, l'inconscient ou l'insupportable... » (George Perec, *Le Magazine littéraire*, décembre 1993).

Beaucoup d'écrivains se sont ainsi essayés à l'autobiographie. Romain Gary a quant à lui fait le choix du roman autobiographique. L'auteur y raconte sa vie mais il est difficile pour le lecteur de savoir quelle est la part de vérité dans le récit. *La Promesse de l'aube* n'en demeure pas moins un récit de vie, – celui de la vie de l'écrivain, héros de guerre et diplomate Romain Gary.

DANS LA MÊME COLLECTION
(par ordre alphabétique)

- **Anonyme**, *La Farce de Maître Pathelin*
- **Anouilh**, *Antigone*
- **Aragon**, *Aurélien*
- **Aragon**, *Le Paysan de Paris*
- **Austen**, *Raison et Sentiments*
- **Balzac**, *Illusions perdues*
- **Balzac**, *La Femme de trente ans*
- **Balzac**, *Le Colonel Chabert*
- **Balzac**, *Le Lys dans la vallée*
- **Balzac**, *Le Père Goriot*
- **Barbey d'Aurevilly**, *L'Ensorcelée*
- **Barbey d'Aurevilly**, *Les Diaboliques*
- **Bataille**, *Ma mère*
- **Baudelaire**, *Les Fleurs du Mal*
- **Baudelaire**, *Petits poèmes en prose*
- **Beaumarchais**, *Le Barbier de Séville*
- **Beaumarchais**, *Le Mariage de Figaro*
- **Beauvoir**, *Mémoires d'une jeune fille rangée*
- **Beckett**, *Fin de partie*
- **Brecht**, *La Noce*
- **Brecht**, *La Résistible ascension d'Arturo Ui*
- **Brecht**, *Mère Courage et ses enfants*
- **Breton**, *Nadja*
- **Brontë**, *Jane Eyre*
- **Camus**, *L'Étranger*
- **Carroll**, *Alice au pays des merveilles*
- **Céline**, *Mort à crédit*
- **Céline**, *Voyage au bout de la nuit*

- **Chateaubriand**, *Atala*
- **Chateaubriand**, *René*
- **Chrétien de Troyes**, *Perceval*
- **Cocteau**, *Les Enfants terribles*
- **Colette**, *Le Blé en herbe*
- **Corneille**, *Le Cid*
- **Crébillon fils**, *Les Égarements du cœur et de l'esprit*
- **Defoe**, *Robinson Crusoé*
- **Dickens**, *Oliver Twist*
- **Du Bellay**, *Les Regrets*
- **Dumas**, *Henri III et sa cour*
- **Duras**, *L'Amant*
- **Duras**, *La Pluie d'été*
- **Duras**, *Un barrage contre le Pacifique*
- **Flaubert**, *Bouvard et Pécuchet*
- **Flaubert**, *L'Éducation sentimentale*
- **Flaubert**, *Madame Bovary*
- **Flaubert**, *Salammbô*
- **Gary**, *La Vie devant soi*
- **Giraudoux**, *Électre*
- **Giraudoux**, *La Guerre de Troie n'aura pas lieu*
- **Gogol**, *Le Mariage*
- **Homère**, *L'Odyssée*
- **Hugo**, *Hernani*
- **Hugo**, *Les Misérables*
- **Hugo**, *Notre-Dame de Paris*
- **Huxley**, *Le Meilleur des mondes*
- **Jaccottet**, *À la lumière d'hiver*
- **James**, *Une vie à Londres*
- **Jarry**, *Ubu roi*
- **Kafka**, *La Métamorphose*
- **Kerouac**, *Sur la route*
- **Kessel**, *Le Lion*

- **La Fayette**, *La Princesse de Clèves*
- **Le Clézio**, *Mondo et autres histoires*
- **Levi**, *Si c'est un homme*
- **London**, *Croc-Blanc*
- **London**, *L'Appel de la forêt*
- **Maupassant**, *Boule de suif*
- **Maupassant**, *Le Horla*
- **Maupassant**, *Une vie*
- **Molière**, *Amphitryon*
- **Molière**, *Dom Juan*
- **Molière**, *L'Avare*
- **Molière**, *Le Malade imaginaire*
- **Molière**, *Le Tartuffe*
- **Molière**, *Les Fourberies de Scapin*
- **Musset**, *Les Caprices de Marianne*
- **Musset**, *Lorenzaccio*
- **Musset**, *On ne badine pas avec l'amour*
- **Perec**, *La Disparition*
- **Perec**, *Les Choses*
- **Perrault**, *Contes*
- **Prévert**, *Paroles*
- **Prévost**, *Manon Lescaut*
- **Proust**, *À l'ombre des jeunes filles en fleurs*
- **Proust**, *Albertine disparue*
- **Proust**, *Du côté de chez Swann*
- **Proust**, *Le Côté de Guermantes*
- **Proust**, *Le Temps retrouvé*
- **Proust**, *Sodome et Gomorrhe*
- **Proust**, *Un amour de Swann*
- **Queneau**, *Exercices de style*
- **Quignard**, *Tous les matins du monde*
- **Rabelais**, *Gargantua*
- **Rabelais**, *Pantagruel*

- **Racine**, *Andromaque*
- **Racine**, *Bérénice*
- **Racine**, *Britannicus*
- **Racine**, *Phèdre*
- **Renard**, *Poil de carotte*
- **Rimbaud**, *Une saison en enfer*
- **Sagan**, *Bonjour tristesse*
- **Saint-Exupéry**, *Le Petit Prince*
- **Sarraute**, *Enfance*
- **Sarraute**, *Tropismes*
- **Sartre**, *Huis clos*
- **Sartre**, *La Nausée*
- **Senghor**, *La Belle histoire de Leuk-le-lièvre*
- **Shakespeare**, *Roméo et Juliette*
- **Steinbeck**, *Les Raisins de la colère*
- **Stendhal**, *La Chartreuse de Parme*
- **Stendhal**, *Le Rouge et le Noir*
- **Verlaine**, *Romances sans paroles*
- **Verne**, *Une ville flottante*
- **Verne**, *Voyage au centre de la Terre*
- **Vian**, *J'irai cracher sur vos tombes*
- **Vian**, *L'Arrache-cœur*
- **Voltaire**, *Candide*
- **Voltaire**, *Micromégas*
- **Zola**, *Au Bonheur des Dames*
- **Zola**, *Germinal*
- **Zola**, *L'Argent*
- **Zola**, *L'Assommoir*
- **Zola**, *La Bête humaine*
- **Zola**, *Nana*
- **Zola**, *Pot-Bouille*